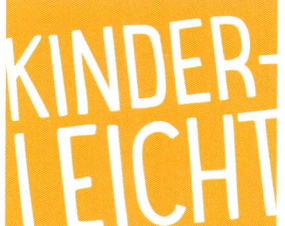

KINDER-LEICHT

Andrea Küssner-Neubert

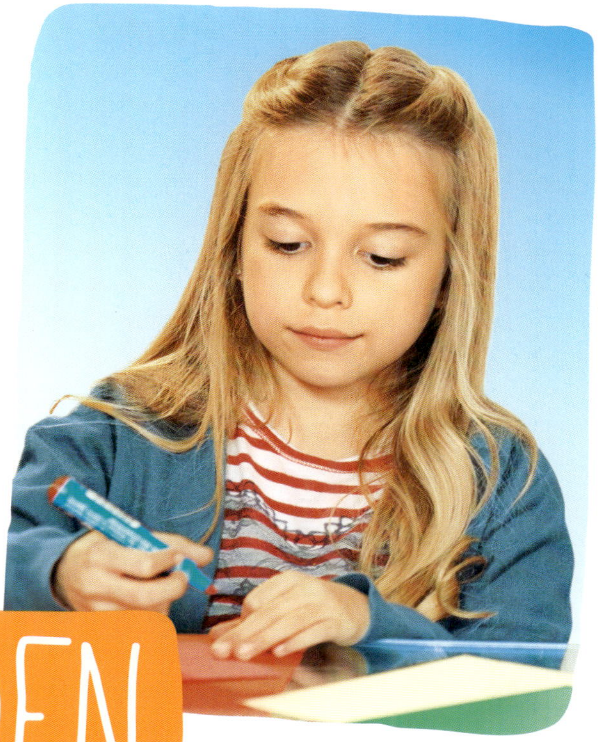

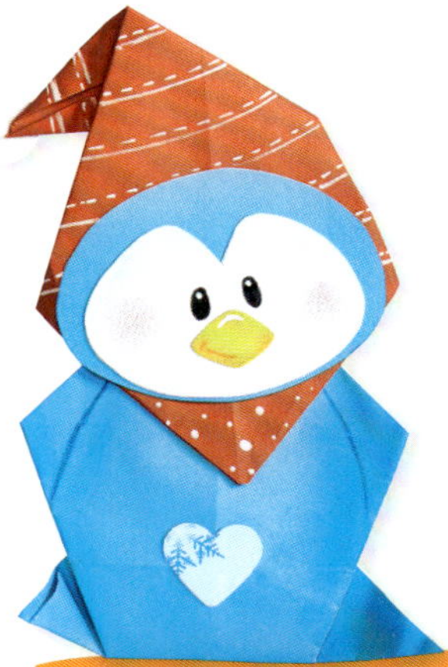

SCHNEIDEN KLEBEN MALEN

ab 5 Jahren

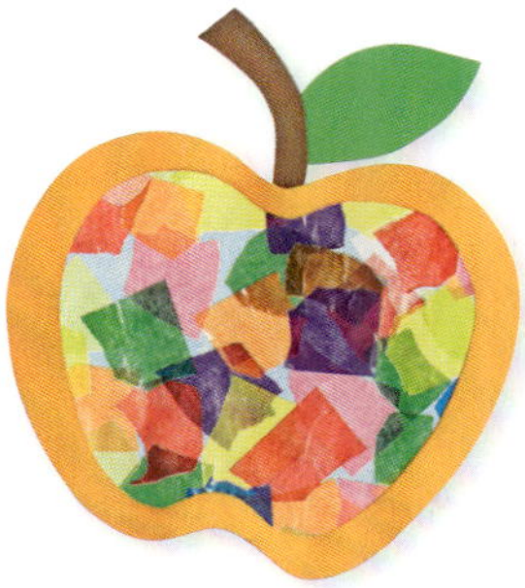

CV

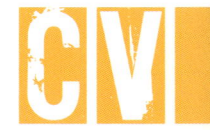

INHALT

KREATIVE KINDER

VORWORT

Basteln ist etwas Wunderbares: Ob alleine, mit Freunden, mit der Familie, im Kindergarten oder in der Grundschule, überall macht es viel Spaß!

Basteln fördert auf spielerische Weise Motorik, Kreativität und Konzentration und bietet außerdem viel Spielraum für eigene Ideen. Denn Kinder stecken voller Fantasie und jedes fertige Bastelobjekt macht den kleinen Künstler stolz.

In fünf Kapiteln werden Bastelobjekte vorgestellt, die aus verschiedenen Materialien und mit unterschiedlichen Techniken entstehen. **Papier** wird ausgeschnitten, geklebt und gefaltet. „Alles ist zum Basteln da!" heißt es bei den **Restmaterialien**. Mit **Farben** wird es bunt. Zu jeder Jahreszeit wird **Naturmaterial** gesammelt. Und für **Weihnachten** werden schöne Dekorationen und Geschenke gestaltet.

Die Bastelideen führen durch das ganze Jahr, durch Frühling, Sommer, Herbst und Winter. Selbständig oder mit etwas Unterstützung durch Erwachsene können die Kinder Frühlings- und Herbstbilder, Pappbecher-Schneemänner, lustige Pappteller-Drehmäuse, bunte Fangbecher, witzige Blättertiere, Stempelkarten, Faltsterne und vieles mehr basteln. Einfache Anleitungstexte und Vorlagen in Originalgröße helfen dabei und zu einigen dieser Bastelideen gibt es **Videoanleitungen** auf Youtube!

Also dann viel Spaß und ein spannendes Basteljahr!

Eure

Andrea

PAPIER

Schneiden, kleben, falten

BASTELPAPIER

Bastelpapiere gibt es in den verschiedensten Stärken, Formaten und Farben. Je nach dem, was ihr gerne basteln wollt, könnt ihr Tonpapiere, Fotokarton, Falt- oder Musterpapiere, Seiden- oder Transparentpapiere, Wellpappe, Naturpapiere und sogar alte Pappe oder Zeitungspapier verwenden. Wer möchte, kann auch einfach weißes Schreibpapier bunt bemalen und zum Basteln oder für Faltarbeiten nehmen.

PAPIERE SCHNEIDEN

- Haltet euer Werkstück mit einer Hand und dreht es beim Schneiden immer etwas mit. Ihr könnt die Bleistiftlinien dabei mit wegschneiden oder später mit einem weichen Radiergummi entfernen.

- Besonders geeignet für gerade und große Schneideflächen und für die ersten Bastelarbeiten sind spezielle Kinder-Bastelscheren. Diese sind ungefährlich in der Handhabung, da die Spitzen abgerundet sind. Sie sind in Rechts- und Linkshänderversionen erhältlich.

- Für feinere Schneidearbeiten könnt ihr spitze Scheren verwenden, damit gelangt ihr besser an engere Stellen und könnt so exakter ausschneiden. Bitte achtet aber darauf, dass ihr euch an der Spitze nicht verletzt.

- Verschiedene Muster könnt ihr mit Motivscheren schneiden, diese gibt es mit Zacken und den verschiedensten Wellen. Achtet darauf, dass ihr die Schere immer exakt an der vorherigen Zacke, bzw. Welle ansetzt, um ein gleichmäßiges Muster zu erhalten.

- Innenflächen lassen sich am besten mit einem Cuttermesser herausschneiden, aber seid bitte vorsichtig, dass ihr euch dabei nicht verletzt, vielleicht bittet ihr hier einen Erwachsenen um Hilfe.

KLEBEN

- Verwendet den Klebstoff immer sparsam und tragt ihn etwas vom Rand entfernt auf, damit beim Zusammenpressen der Teile nichts hervorquillt. Sollte es doch einmal passieren, könnt ihr den überschüssigen Klebstoff, solange dieser noch feucht ist, mit einem sauberen, weichen Radiergummi entfernen.

- Zum Kleben von Papieren könnt ihr verschiedene Klebstoffe auf Wasserbasis, z.B. Bastelkleber, Klebestifte, Alleskleber (ohne Lösungsmittel), Bastelleim aber auch Tapetenkleister verwenden.

FALTEN

- Beim Falten von Papieren müsst ihr darauf achten, ob die bedruckte Seite oben oder unten liegen soll, damit euer Werkstück später auch so aussieht, wie geplant.

- Damit euer Modell gut gelingt, ist es wichtig, dass ihr die einzelnen Schritte möglichst exakt faltet, die Faltlinien sollten nicht krumm und schief sein.

- Fast das Wichtigste beim Falten ist das Falzen der Kanten nach jedem Schritt. Am besten geht das mit dem Finger oder mit dem Fingernagel

VORLAGEN

Die Vorlagen am besten kopieren, auf Pappe kleben und ausschneiden. So habt ihr Schablonen, die ihr mehrmals verwenden könnt.

Pädagogische Hinweise für Eltern

Bereits einfaches Schneiden trainiert Handmuskulatur und Feinmotorik sowie die Auge-Hand-Koordination der Kinder. Etwas schwierige Schneidearbeiten schulen strukturiertes Vorgehen, denn die Kinder stehen vor der Frage, wie sie die Schere, bzw. das Papier halten müssen, um auf der Linie zu schneiden. Diesen Zusammenhang zu erfassen, fördert räumliches Vorstellungsvermögen. Das exakte Falten vom Papier trainiert die Geschicklichkeit, die Intelligenz und das geometrische Verständnis der Kinder.

FRÜHLINGSBILD

Wenn die ersten Tulpen blühen, Schmetterlinge und Marienkäfer lustig über die Wiese tollen und die liebe Sonne uns anlächelt, dann ist es so weit, endlich ist der Winter vorbei!

SO WIRD'S GEMACHT:

1 Ein Papierquadrat so auf den Tisch legen, dass je eine Spitze nach oben und unten zeigt. Die untere Spitze auf die obere Spitze falten. Faltlinie mit dem Finger nach streichen.

2 Die linke Spitze auf die rechte Spitze falten. Faltlinie nach streichen und Faltung wieder öffnen.

3 Die seitlichen Spitzen nacheinander an der Mittelfaltung beginnend schräg nach oben falten. Faltlinien nach streichen.

4 Die Tulpe sieht dann so aus. Verschiedene Tulpen in unterschiedlichen Farben anfertigen.

5 Tulpenköpfe mit dem Klebestift bestreichen und verteilt auf den weißen Tonkarton kleben.

6 Mit den Filzstiften die Blumenstiele, Blumenblätter und eine Wiese aufmalen. Wer möchte, kann noch eine Sonne, Schmetterlinge und Marienkäfer aufmalen.

1

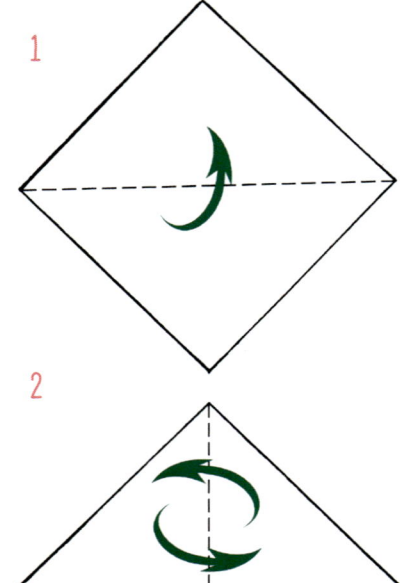

2

3

4

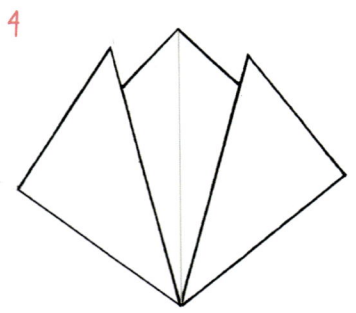

TIPP:

Wenn ihr größere Papiere verwendet, könnt ihr große Tulpen für euer Fenster basteln und mit Fingerfarben eine Blumenwiese dazu malen.

OSTERHASE

Sucht ihr noch ganz schnell eine Bastel-idee für Ostern? Kein Problem, Osterhase und Schmetterlinge sind aus Tonkarton und einem Bierdeckel ganz einfach zu basteln.

SO WIRD'S GEMACHT:

1 Den Bierdeckel von einer Seite mit weißem Tonkarton beziehen.

2 Die großen Ohren und drei Schmetterlinge aus weißem Tonkarton zuschneiden. Die Innenohren und drei Schmetterlinge aus Pünktchenkarton zuschneiden. Die Ohrenteile zusammenkleben.

3 Buntstiftkrümel mit dem Finger als Wangen auf dem Bierdeckel aufreiben. Mit dem Filzstift die Hasennase aufmalen und die Halbperlen oder Wackelaugen aufkleben.

4 Die Ohren hinter den Hasenkopf kleben und eine gebundene Schleife am Hals ergänzen.

5 Die weißen Schmetterlinge nur in der Mitte am Körper mit Klebstoff bestrei-chen und die farbigen Schmetterlinge passge-nau aufkleben. Die oben liegenden Flügel etwas hoch knicken.

DU BRAUCHST:

- Tonkarton in Weiß
- Pünktchenkarton in Rosa, Hell-blau, Hellgrün oder Muster selbst aufmalen
- Runder Bierdeckel
- Halbperlen in Schwarz oder Wackelaugen, 2 cm Ø
- Dekoband mit Pünktchen in Rosa, 1 cm breit

HILFSMITTEL:

- Schere
- Buntstiftkrümel in Rot
- Filzstift in Schwarz
- Bleistift
- Bastelkleber
- Klebefilm

6 An der Rückseite der Motive Klebe-filmröllchen verteilen und am Fenster andrücken.

SCHMETTERLING

2x

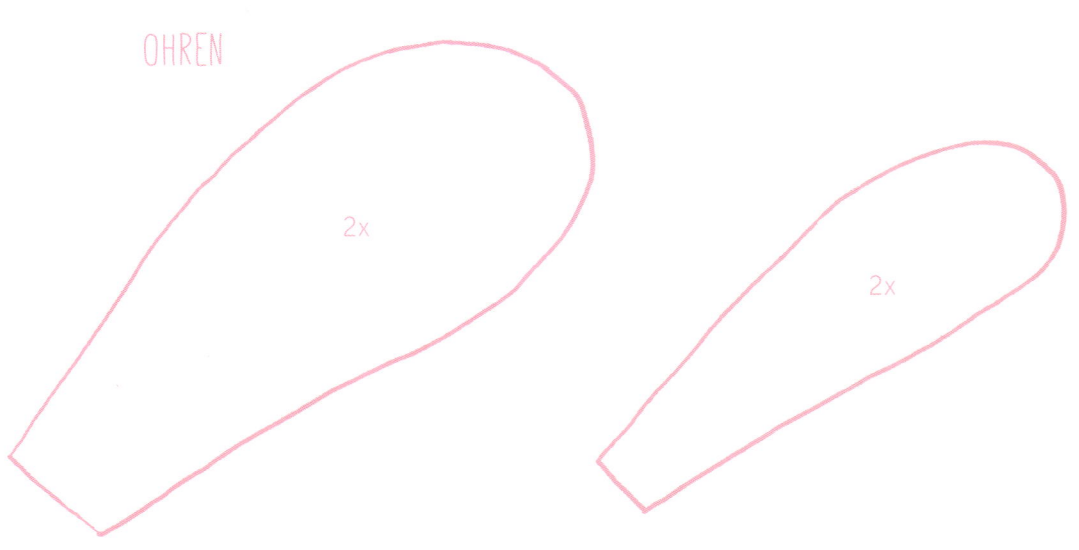

OHREN

2x

2x

BUNTE ÄPFEL

Diese bunten Äpfel aus Transparentpapier könnt ihr in euren Lieblingsfarben basteln. Ihr werdet staunen, wie toll sie in eurem Fenster leuchten.

SO WIRD'S GEMACHT:

1 Die Außenkontur von der Apfelvorlage mit Bleistift auf das weiße Transparentpapier übertragen.

2 Den Apfel, das Blatt und den Stiel nach der Vorlage aus Tonkarton der jeweiligen Farbe zuschneiden.

3 Vom farbigen Transparentpapier kleine Schnipsel abreißen. Genügend Schnipsel in verschiedenen Farben vorbereiten.

4 Die Innenfläche vom Apfel nach und nach mit dem Klebestift bestreichen, die Transparentpapierschnipsel auflegen und mit dem Finger glattstreichen. Die ganze Innenfläche mit bunten Schnipseln bekleben und trocknen lassen.

5 Die Rückseite vom Tonpapierapfel mit Klebstoff bestreichen und auf das vorbereitete Transparentpapier kleben. Den Apfel der Form folgend ausschneiden. Zum Schluss den Stiel und das Blatt ankleben.

DU BRAUCHST:
- Tonkarton in Orange, Rot, Hellgrün, Dunkelgrün, Braun
- Transparentpapier in Weiß und in verschiedenen Farben

HILFSMITTEL:
- Schere
- Bleistift
- Klebestift
- Bastelkleber

Vorlagen 1, Seite 88

KNUDDELSCHNECKEN

Mit ihren kunterbunten Häusern kriechen diese Schnecken fröhlich durch die Welt und wünschen einen wunderschönen Tag.

SO WIRD'S GEMACHT:

1 Die Schnecken, Fühler und Schnecken-körper nach der Vorlage auf Fotokarton übertragen und ausschneiden. Die Motivteile zusammenkleben. Nach Wunsch eine Schnecke seitenverkehrt anfertigen.

2 Buntstiftkrümel auf Wangen und Körper aufreiben. Die Gesichter mit dem Fine-liner aufmalen und mit dem Buntstift weiße Lichtreflexe in den Augen ergänzen.

3 Das Krepppapier in ca. 3 x 3 cm große Stücke reißen oder schneiden und zwi-schen Daumen und Zeigefinger zu Kügelchen rollen. Reichlich Krepppapierkügelchen in den gewünschten Farben vorbereiten.

4 Die Schneckenkörper nach und nach mit reichlich Klebstoff bestreichen und mit Krepppapierkügelchen belegen. Zum Schluss noch Kreppkugeln als Fühlerpunkte ergänzen und alles gut durchtrocknen lassen.

DU BRAUCHST:
- Fotokarton in Weiß, Apricot, Schwarz
- Krepppapier in verschiedenen Farben

HILFSMITTEL:
- Schere
- Bleistift
- Buntstiftkrümel in Rot
- Fineliner in Schwarz
- Buntstift in Weiß
- Alleskleber

Vorlage 2, Seite 89

FANGBECHER

Im Nu sind diese bunten Fangbecher gefaltet und der Spiele-Spass kann beginnen. Ob alleine oder mit Freunden, das ist ganz egal, der Spaß ist garantiert!

SO WIRD'S GEMACHT:

1 Das Origamipapier so legen, dass die bedruckte Seite unten liegt. Gegenüberliegende Ecken aufeinander falten, so dass daraus ein Dreieck entsteht.

2 Die rechte Ecke nach links falten, so dass die obere Kante waagerecht liegt. Das Papier umdrehen und ebenfalls die rechte Ecke nach links falten. Die oberen Papierspitzen von beiden Seiten nach unten falten, in die Öffnungen schieben. Faltungen immer nachstreichen.

3 Die Wolle zuschneiden, ca. 50 cm, und mithilfe der Nähnadel von außen nach innen durch den Becherboden stechen. Den Wollfaden im Innern mit 2–3 Knoten fixieren.

4 Am anderen Ende vom Wollfaden die Holzperle festknoten. Den Fangbecher an den Seiten festhalten und etwas auseinander knicken.

DU BRAUCHST:

- Muster-Origami-Papier, 15 x 15 cm
- Wollreste
- Bunte Holzperlen, ca. 1 cm Ø

HILFSMITTEL:

- Schere
- Dicke Nähnadel
- Bastelkleber

SPIELREGELN:

Den Fangbecher zwischen Daumen und Zeigefinger leicht geöffnet halten. Die Holzperle am Wollfaden vor – und zurück pendeln lassen, nach oben schwingen und die Perle mit dem Becher auffangen.

Eine Video-Anleitung hierzu findet ihr unter: www.youtube.com auf dem Kanal: BastelnMitAndrea

ORIGAMIPINGUIN

Draußen fallen dicke Schneeflocken und die Kinder bauen einen tollen Schneemann. Der Pinguin schaut begeistert zu.

SO WIRD'S GEMACHT:

1 Nach der Vorlage die Motivteile zuschneiden und zusammenkleben. Mit den Stiften das Gesicht gestalten. Ein Herz ausstanzen.

MÜTZE

2 Ein Musterpapier waagerecht und senkrecht mittig falten und die Faltungen wieder öffnen. Die Ecken zur Mittellinie falten (Abb. 1). Die seitlichen Außenkanten zur Mittellinie falten, sodass daraus ein „Drachen" entsteht. Die Spitze zur Seite falten und wenden (Abb. 2–4).

KÖRPER

3 Papier in Blau ebenfalls zu einem „Drachen" falten und so drehen, dass die Spitze nach unten zeigt (Abb. 1–3). Noch ein Papier in Blau waagerecht und senkrecht mittig falten und die Faltungen wieder öffnen. Die Ecken zur Mittellinie falten (Abb. 1). Beide Teile der Abbildung entsprechend aufeinander legen und die unteren Spitzen nach oben falten (Abb. 4). Beide Teile zusammen kleben und wenden (Abb. 5).

4 Die vorbereiteten Tonkartonteile ankleben.

DU BRAUCHST:

- Fotokarton in Weiß, Gelb, Himmelblau
- Musterpapier oder Muster selbst aufmalen
- Faltpapier in Mittelblau, 15 x 15 cm
- Motivstanzer „Herz"

HILFSMITTEL:

- Schere
- Bleistift
- Buntstift in Weiß, Orange, Blau
- Filzstift in Schwarz
- Gelmalstift in Pink, Blau
- Bastelkleber

Vorlage 3, Seite 89

MÜTZE

1
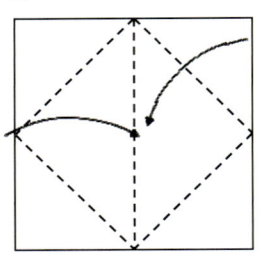

2
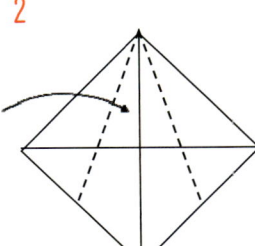

3
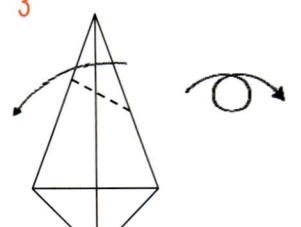

4
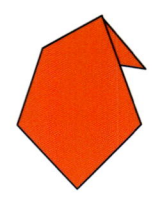

KÖRPER

1   2   3   4   5

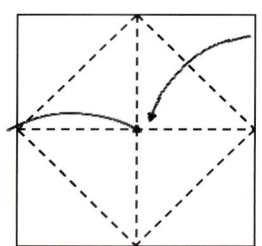
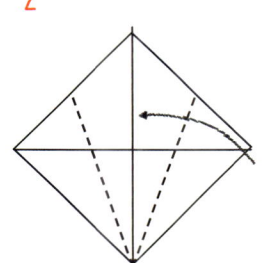
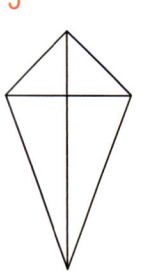
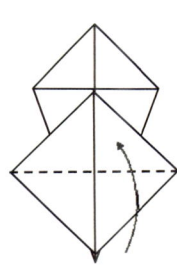
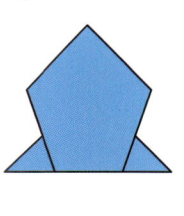

WEIHNACHTSMÄNNER

Die drei Freunde schauen in der warmen Stube aus dem Fenster und beobachten gespannt das vorweihnachtliche Treiben auf den Straßen.

SO WIRD'S GEMACHT:

1 Die Bierdeckel mit dem hautfarbenen Buntstift anmalen.

2 Nach der Vorlage die Mützenteile aus Motivkarton und Tonkarton zuschneiden, nach Wunsch auch seitenverkehrt. Die Einzelteile an die Bierdeckel kleben.

3 Mit den Lackstiften lustige Weihnachtsmann-Gesichter gestalten.

4 Mithilfe der Nadel Nähgarn zum Aufhängen anbringen.

DU BRAUCHST:
- Runde Bierdeckel
- Tonkarton in Weiß, Rot
- Motivkarton oder Muster selber aufmalen
- Nähgarn

HILFSMITTEL:
- Schere
- Bleistift
- Buntstift in Hautfarbe
- Lackstift in Weiß, Pink, Rot, Schwarz
- Nähnadel
- Bastelkleber

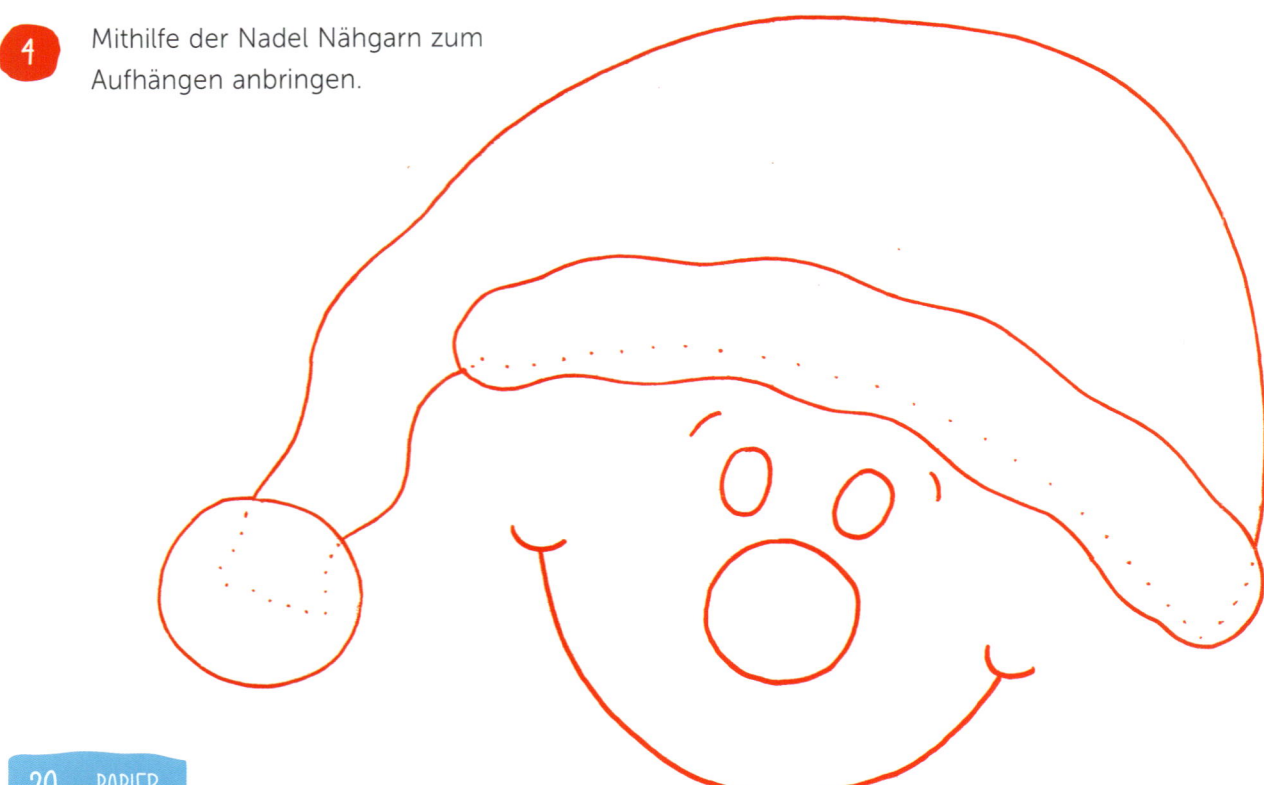

TIPP:

Alternativ zum Buntstift könnt ihr die Gesichter auch mit Wasser- oder Bastelfarbe bemalen oder mit Tonkarton bekleben und die Gesichter mit Filzstiften aufmalen.

SCHNEEMANN-FREUNDE

Wenn es Winter wird, werden Schneemänner gebaut. Diese lustigen Gesellen könnt ihr sogar ins Haus holen, sie schmelzen euch nicht weg, versprochen!

SO WIRD'S GEMACHT:

1 Alle Motivteile nach der Vorlage auf weißen Fotokarton übertragen.

2 Die Mützen und die Mützenränder nach der Abbildung oder nach eigenen Ideen mit den Neonstiften bemalen, dabei kann ruhig über den Rand gemalt werden.

3 Alle Einzelteile auf den Linien entlang ausschneiden.

4 Die Motivteile zu Schneemännern zusammenkleben.

5 Buntstiftkrümel als Wangen aufreiben. Die Gesichter mit dem schwarzen Filzstift gestalten und mit dem Buntstift weiße Lichtpunkte setzen.

6 Die Schneemänner an den Händen zusammenkleben. Die Pompons als Nasen, Knöpfe und Mützenbommel ergänzen.

DU BRAUCHST:
- Fotokarton in Weiß
- Pompons in Orange, Schwarz, 0,7 cm Ø
- Pompons in Weiß, 1,5 cm Ø

HILFSMITTEL:
- Schere
- Bleistift
- Neonstifte, z. B. Textmarker, in verschiedenen Farben
- Filzstift in Schwarz
- Buntstift in Weiß
- Buntstiftkrümel in Rot
- Bastelkleber

Vorlage 4, Seite 90

RESTMATERIALIEN

Alles ist zum Basteln da!

Kennt ihr das auch: Da wollt ihr spontan etwas basteln, aber ihr habt nicht die passenden Materialien zu Hand? Nicht immer müssen es Bastelmaterialien aus dem Handel sein, viele tolle Bastelideen lassen sich ganz einfach mit Dingen aus dem Haushalt und mit Materialresten anfertigen. Und das Gute dabei ist, diese kosten fast nichts.

MATERIALIEN SAMMELN

· Pappe, Küchen- oder Toilettenpapierrollen, Joghurtbecher, PET-Flaschen, alte Knöpfe, Pappteller, Plastik- oder Pappbecher, Eierkartons, CD-Rohlinge, Tetrapack, Filtertüten, Konservendosen, Korken und noch viele andere Dinge, die ihr zum Basteln verwenden könnt, sind im Haushalt zu finden.

· Am besten stellt ihr euch einen großen Karton bereit, in dem ihr die Materialien oder auch übrig gebliebene Bastelutensilien, wie Tonkarton, Federn, Stoffreste, Bänder, Perlen, Wackelaugen usw. sammeln könnt.

· Bevor ihr die Verpackungen aus dem Haushalt aufbewahrt, ist es wichtig, dass ihr diese gründlich reinigt und trocknet, denn sonst fangen die Lebensmittelreste an zu schimmeln und ihr könnt die Materialien nicht mehr verwenden.

KOSTENLOSE MATERIALIEN
ALS KLEINE HELFER

- Plastikflaschen oder Joghurtbecher könnt ihr prima als Wasserbehälter für eure Pinsel verwenden. Schneidet dazu einfach den Flaschenhals ab.

- Zum Bemalen von Styroporkugeln oder -eiern steckt ihr einen Bastelspieß von unten in die Form, so könnt ihr die Kugel, bzw. das Ei von allen Seiten bemalen, ohne eure Finger dabei schmutzig zu machen.

- Zum Trocknen stellt ihr die Kugel, bzw. das Ei mit dem Bastelspieß in eine Konservendose.

- Leere Klebefilmrollen eignen sich prima, wenn ihr bei Kugeln Gesichter aufmalen wollt. Einfach eure Kugel auf die Rolle setzen, gestalten und dort trocknen lassen.

- Pappteller könnt ihr zum Mischen kleiner Farbmengen oder als Materialschälchen für Schnipsel, Perlen usw. verwenden.

Pädagogische Hinweise für Eltern

Durch die Verwendung von Materialien, die im Haushalt zu finden sind, bekommen die Kinder einen anderen Blickwinkel auf das Material. Besonders, wenn sie bei der Vorbereitung wie dem Sammeln und Reinigen oder beim Sortieren von Restmaterialien nach einem Bastelangebot mit einbezogen werden. Die Kinder überlegen, ob sie den Gegenstand gebrauchen können, und was daraus eventuell entstehen könnte. Sie lernen dadurch ihre Umwelt unter einem ganz anderen Aspekt kennen und schätzen. Eine gute Möglichkeit, die Kinder auch an die Mülltrennung heranzuführen.

- Aus Pappresten, z.B. der Rückseite von einem Schreibblock, könnt ihr Bilderrahmen basteln, die ihr dann nach eurem Wunsch farblich gestaltet. Stabile Pappe eignet sich auch gut zum Herstellen von Schablonen.

PAPPROLLEN-BIENCHEN

Die beiden Bienchen freuen sich, denn endlich können sie nach Herzenslust wieder die warmen Sonnenstrahlen auf der Blumenwiese genießen.

SO WIRD'S GEMACHT:

1 Die Papprolle, mithilfe des Klebestiftes, mit gelbem Tonpapier, ca. 17 x 9 cm, bekleben. Aus dem schwarzen Tonpapier drei Streifen, ca. 17 x 1 cm, zuschneiden und diese mit etwas Abstand ankleben.

2 Die Flügel und den Kopf nach der Vorlage aus Tonkarton zuschneiden. Die Fühler frei Hand aus schwarzem Tonpapier vorbereiten.

3 Die Zeichnungen mit dem schwarzen Filzstift aufmalen und weiße Lichtpunkte mit dem Buntstift ergänzen. Wangen mit den Buntstiftkrümeln aufreiben.

4 Die Fühler hinter dem Kopf ankleben und den Kopf auf der Rolle befestigen. Die Flügel hinter der Papprolle anbringen.

5 Aus Karoband eine kleine Schleife binden und am Kopf ankleben.

DU BRAUCHST:
- Papprollen, ca. 9,5 cm
- Tonpapier in Gelb, Schwarz
- Tonkarton in Weiß, Beige
- Knöpfe in Gelb, 1 cm Ø
- Karoband in Grün, Rot, ca. 0,3 cm breit

HILFSMITTEL:
- Schere
- Bleistift
- Buntstiftkrümel in Rot
- Buntstift in Weiß
- Filzstift in Schwarz
- Klebestift
- Bastelkleber

KOPF

FLÜGEL

LUSTIGE SONNE

Wartet ihr auf warme Tage, damit ihr wieder länger draußen spielen könnt? Hängt euch diese lustige Sonne in euer Fenster und lockt damit das gute Wetter herbei.

SO WIRD'S GEMACHT:

1 Den Bierdeckel mit sonnengelbem Tonkarton beziehen. Buntstiftkrümel mit dem Finger als Wangen aufreiben und ein niedliches Gesicht aufmalen. Die Wackelaugen ankleben.

2 Aus Tonkarton in Sonnengelb und Zitronengelb ca. 7 cm lange und 1 cm breite Streifen zuschneiden, diese müssen aber nicht gleich lang oder gleich breit sein.

3 Den Bierdeckel umdrehen, den Rand mit Klebstoff bestreichen und die Streifen im Farbwechsel als Sonnenstrahlen auflegen.

4 Oben am Kopf noch einen Wollfaden zum Aufhängen ankleben und gut trocknen lassen.

DU BRAUCHST:
- Runder Bierdeckel
- Tonkarton in Sonnengelb, Zitronengelb
- Wackelaugen, 1,8 cm Ø
- Wollrest in Gelb

HILFSMITTEL:
- Schere
- Filzstift in Pink, Schwarz
- Buntstiftkrümel in Rot
- Buntstift in Weiß
- Bastelkleber

PAPPTELLER-BLUMEN

Aus Papptellern könnt ihr diese tollen Blumen basteln und euer Zimmer damit kunterbunt schmücken. Diese Blumen sind aber auch ein tolles Geschenk zum Geburtstag oder zum Muttertag.

SO WIRD'S GEMACHT:

1 Aus dem Pappteller, an zwei gegenüberliegenden Seiten, bis zum Innenkreis kleine Spitzen herausschneiden.

2 Den Teller drehen und mittig ebenfalls an den gegenüberliegenden Seiten Spitzen herausschneiden. Danach noch jeweils in der Mitte der bereits eingeschnittenen Flächen Spitzen herausschneiden.

3 Die runde Innenfläche der Blume mit einer Farbe bemalen. Die Blütenblätter in verschiedenen Farben nach euren Ideen gestalten. In die noch feuchte Farbe das Glitter einstreuen. Nach dem Trocknen Überschüssiges über einem Mülleimer abschütteln.

4 Grünen Tonkarton doppelt legen und Blätter frei Hand zuschneiden. Die Blätter an das Bastelholz kleben und das Bastelholz hinter der Blume befestigen. Wenn ihr wollt, könnt ihr verschiedene Blumen anfertigen.

DU BRAUCHST:
- Pappteller
- Bastelholz in Grün, 15 x 2 cm
- Tonkarton in Grün
- Streuglitter

HILFSMITTEL:
- Schere
- Acryl- oder Bastelfarbe in Rosa, Orange, Rot
- Pinsel
- Bastelkleber

ANANASGIRLANDE

Sucht ihr noch eine schöne Deko für eure Gartenparty? Kein Problem, wie wäre es mit dieser tollen Ananasgirlande? Sie ist ganz einfach anzufertigen.

SO WIRD'S GEMACHT:

1 Eine senkrechte Linie auf die Papprolle zeichnen und diese aufschneiden. Die Rolle waagerecht in der Mitte knicken, die Knicklinie nach streichen und wieder öffnen.

2 Die Innenseite mit der Bastelfarbe in Sonnengelb und die Außenseite mit Zitronengelb bemalen, hier noch sonnengelbe Flecken verteilen. Nach dem Trocknen wieder zusammenfalten.

3 Am oberen offenen Papprollenrand eine waagerechte Linie im Abstand von 1 cm aufzeichnen. Von der geschlossenen Seite aus im Abstand von ca. 1 cm bis zur Markierung einschneiden. Faltung wieder öffnen.

4 Ebenfalls beim grünen Tonpapier, 13 x 7 cm, waagerecht eine 1 cm breite Linie aufzeichnen. Papier zwei Mal senkrecht zur Mitte falten und von der Markierung aus zwei längliche Ananasblätter aufmalen. Die Blätter ausschneiden und auffalten.

5 Die Blätter an der Innenseite der Pappe festkleben. Pappe wieder zu einer Rolle zusammenkleben.

6 Ananasblätter über eine Scherenseite ziehen, bis diese sich leicht einrollen. Mithilfe der Nadel Satinband an den Seiten anknoten. Die gewünschte Anzahl anfertigen und als Girlande an das Paketband hängen.

DU BRAUCHST:

- Papprollen, ca. 9,5 cm
- Tonpapier in Grün
- Satinband in Grün, ca. 0,3 cm breit
- Paketband

HILFSMITTEL:

- Schere
- Bleistift
- Bastelfarbe in Zitronengelb, Sonnengelb
- Pinsel
- Lineal
- Dicke Nähnadel
- Bastelkleber

Eine Video-Anleitung hierzu findet ihr unter: www.youtube.com auf dem Kanal: BastelnMitAndrea

TIPP:
Einfach eine Ananas über ein
LED-Teelicht stülpen und
schon wird daraus ein tolles
Tischlicht.

DREHMAUS

Hängt diese niedlichen Mäuse einfach an eurer Zimmerdecke auf und sie drehen sich lustig im Kreis und tanzen miteinander.

SO WIRD'S GEMACHT:

1 Am Tellerrand mit Bleistift die Stellen markieren, an denen die Nase und die Ohren liegen sollen. Beide Punkte mit einer leicht gebogenen Linie miteinander verbinden und den Rand auf der Zeichnung entlang abschneiden.

2 Den Pappteller mit grauer Bastelfarbe bemalen. Auf die noch feuchte Farbe, mit einem Finger, die rosafarbene Wange aufmalen. Nach dem Trocknen die Rückseite genauso gestalten.

3 Den Zirkel auf 4 cm Breite einstellen, zwei Kreise für die Ohren auf Motivkarton zeichnen und ausschneiden. Für die Nase ebenfalls zwei Kreise zuschneiden, hierzu den Zirkel auf 2 cm Breite einstellen. Einen Mäuseschwanz frei Hand zuschneiden.

4 Für die Spirale einen Kreis von 6 cm Zirkelbreite anfertigen und diese ca. 1 cm breit spiralförmig bis zur Mitte hin einschneiden. Das Ende in der Spiralmitte nach oben knicken.

5 Alle Motivteile sowie die Wackelaugen der Abbildung entsprechend von beiden Seiten an die Papptellermaus kleben. Am unteren Tellerrand die Spirale befestigen. Zwischen den Ohren etwas Wolle zum Aufhängen ankleben.

DU BRAUCHST:

- Pappteller, ca. 19 cm Ø
- Motivkarton mit oder ohne Muster
- Wackelaugen, 2 cm Ø
- Wollrest in Weiß

HILFSMITTEL:

- Schere
- Bleistift
- Bastelfarbe in Rosa, Hellgrau
- Dicker Pinsel
- Zirkel
- Lineal
- Bastelkleber

Eine Video-Anleitung hierzu findet ihr unter: **www.youtube.com** auf dem Kanal: **BastelnMitAndrea**

PAPPBECHER-FÜCHSE

Diese super niedlichen Füchse werden ganz einfach aus Pappbechern gebastelt und sind eine tolle Herbstdeko. Worauf wartet ihr noch?

SO WIRD'S GEMACHT:

1 Den Becher rundherum mit orangefarbener Bastelfarbe bemalen und gut trocknen lassen.

2 Die Ohrenteile nach der Vorlage aus Tonkarton zuschneiden und zusammenkleben.

3 Die restlichen Motivteile mit dem Bleistift direkt auf den Becher zeichnen und mit Lackstiften gestalten. Konturen mit dem Filzstift nachzeichnen.

4 Die Ohren an den oberen Becherrand kleben

DU BRAUCHST:
- Pappbecher, ca. 200 ml
- Tonkarton in Weiß, Orange

HILFSMITTEL:
- Schere
- Bleistift
- Bastelfarbe in Orange
- Lackstift in Weiß, Orange
- Filzstift in Schwarz
- Pinsel
- Bastelkleber

TIPP:
Alternativ zum Pappbecher könnt ihr auch eine Papprolle verwenden.

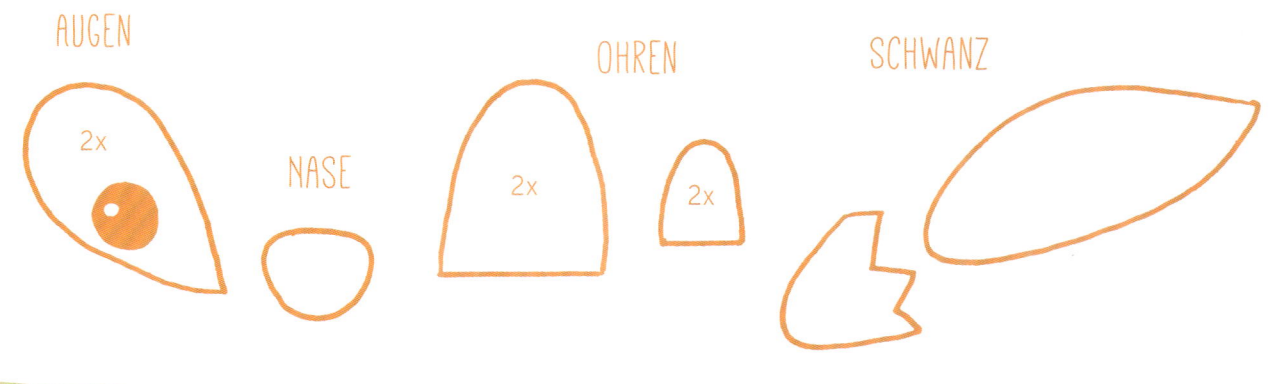

AUGEN

2x

NASE

OHREN

2x

2x

SCHWANZ

SCHNEEMÄNNER

Wenn sich die drei Schneemannfreunde treffen, haben sie sich immer viel zu erzählen. Oft vergessen sie dabei die Zeit und gehen erst in der Abenddämmerung nach Hause.

SO WIRD'S GEMACHT:

1. Die Papier-Muffinförmchen als Hut auf die Unterseite der Becher kleben.

2. Mit den Lackstiften lustige Schneemann-gesichter aufmalen. Buntstiftkrümel mit dem Finger als Wangen aufreiben.

3. Die Pompons als Arme und Nase ankleben. Die Knöpfe an den Hüten und an den Bäuchen ergänzen.

DU BRAUCHST:

- Pappbecher in Weiß, 0,2 l
- Papier-Muffinförmchen „Karo" in Pink, Hellgrün, Hellblau
- Pompons in Orange, 1 cm Ø, in Weiß 2 cm Ø
- Knöpfe in Hellblau, Orange, Grün, 2 cm Ø, in Schwarz 1 cm Ø

HILFSMITTEL:

- Buntstiftkrümel
- Lackstift in Weiß, Rot, Schwarz
- Alleskleber

FARBEN

Ausmalen, anmalen, mit Farbe gestalten

Ob Bunt- oder Filzstifte, Wachsmalstifte oder Kreide, Fingerfarben, Bastelfarben, Wasserfarben oder Acrylfarben, all diese Farben eignen sich für die unterschiedlichsten Untergründe und es entstehen daraus ganz individuelle kleine Kunstwerke.

MALFARBEN

- Plakat- und Acrylfarben auf Wasserbasis haben eine sehr hohe Deckkraft und eignen sich für viele Untergründe wie Papier, Holz, Stein, Metall, Glas und Kunststoff. Diese könnt ihr am Besten mit einem Pinsel oder Schwamm auftragen.

- Schulmalfarben (Deckmalfarben) und Fingerfarben könnt ihr für Untergründe wie Papier, Pappe und Karton verwenden. Mit Fingerfarben lassen sich auch eure Fenster bemalen. Für größere Flächen nehmt ihr dazu einen Borstenpinsel und zum Malen von Linien einen feinen Haarpinsel.

- Wasserfarben findet ihr in Form von Malkästen oder auch als Einzelfarben. Sie sind zum Bemalen von Papier gut geeignet. Sie lassen sich mit Pinseln verschiedener Größen auftragen und untereinander mischen.

- Buntstifte, Filzstifte und Wachsmalstifte sind zum Ausgestalten von Mal- und Bastelarbeiten gut geeignet. Für die kleineren Kinder unter euch gibt es extra Stifte mit einem dickeren Griff, diese lassen sich besser in der Hand halten. Buntstiftkrümel könnt ihr mit dem Finger als Wangen auf euren Figuren aufreiben.

- Lackstifte oder Permanent-Marker eignen sich zum dauerhaften Beschriften und Malen auf fast allen Untergründen.

MALEN

- Bevor es losgeht, zieht ihr euch einen Malkittel oder ein altes Hemd von eurem Papa an und deckt den Arbeitsplatz mit alten Zeitungen ab.

- Je nach verwendeter Farbe stellt ihr euch einen Wasserbehälter zum Auswaschen der Pinsel bereit und sucht euch die passenden Pinsel oder Schwämme zusammen.

- Wenn ihr mit den Fingern malen wollt, legt euch einen feuchten alten Lappen bereit, um die Finger zwischendurch zu säubern.

- Fertig gestaltete Bilder könnt ihr auf einer ebenen Unterlage, wie z.B. auf alten Zeitungen oder Papieren trocknen lassen. Sollte sich ein Blatt beim Trocknen wellen, bittet einen Erwachsenen darum, dass er das Blatt mit dem Bügeleisen, mit Butterbrotpapier abgedeckt, auf niedriger Temperatur von der Rückseite leicht bügelt. Alternativ könnt ihr euer gestaltetes Bild auch einige Zeit mit Katalogen erschweren.

Pädagogische Hinweise für Eltern

Neben dem Ausprobieren und Kennenlernen der verschiedensten Farben und deren Eigenschaften fördert das Malen die Feinmotorik der Kinder. Feine Striche entscheiden manchmal zwischen einem gelungenen oder weniger gelungenen Bild, weshalb sich Kinder bemühen, eine möglichst ruhige Hand bei der Linienführung zu haben. Auch die Kreativität und das Selbstbewusstsein werden beim Experimentieren mit Farben und dem Erfolgserlebnis, wenn das Kunstwerk fertig ist, gefördert. Beim Malen benötigen die Kinder Ruhe und ein exaktes Auge, so wird hier ebenfalls die Konzentrationsfähigkeit geschult.

LUSTIGE VÖGEL

An die Farben, fertig, los! Jetzt darf gemalt und gestempelt werden. Diese Eiervögel lieben es so richtig schön bunt.

SO WIRD'S GEMACHT:

1 Aus dem Eier-Pappkarton mit dem Cuttermesser (dabei sollte ein Erwachsener helfen!) oder mit der Schere die Mulden herausschneiden und mit der Bastelfarbe bemalen. Nach dem Trocknen weiße Punkte mit dem Wattestäbchen auftupfen.

2 Die ausgeblasenen Eier auf Bastelspieße stecken und mit der Farbe bepinseln. Zum Trocknen in eine Dose stellen.

3 Nach der Vorlage die Motivteile aus Tonpapier zuschneiden. Die Zeichnungen auf den Augen ergänzen.

4 Augen und Schnabel an das Ei kleben. Die Flügel seitlich in die Eierpappe kleben und etwas nach unten knicken.

5 Die Kopffeder in das Loch vom Ei einkleben, die Schwanzfeder in die Pappe kleben. Vögelchen in die Eierpappe setzen.

DU BRAUCHST:

- Ausgeblasene weiße Eier
- Eier - Pappkarton
- Tonpapierreste in Weiß, Gelb, Orange, Pink, Hellgrün
- Federn in Gelb, Pink, Hellgrün

HILFSMITTEL:

- Schere, Cuttermesser
- Bleistift
- Filzstift in Schwarz
- Buntstift in Weiß
- Bastelfarbe in Weiß. Gelb, Pink, Grün
- Pinsel
- Bastelspieß und Dose
- Wattestäbchen
- Bastelkleber

AUGEN

SCHNABEL

2x

FLÜGEL

STEMPELBILD

Ihr benötigt eine große und eine kleine Gabel und etwas Farbe und schon könnt ihr dieses tolle Kunstwerk anfertigen. Ein absoluter Blickfang an der Wand.

SO WIRD'S GEMACHT:

1 Verschiedene Acrylfarben für die Tulpen auf einen Pappteller geben und die Gabeln nach und nach in die benötigte Farbe tauchen.

2 Große und kleine Gabelabdrücke in verschiedenen Farben auf den Keilrahmen aufstempeln. Gabeln vor dem Farbwechsel mit dem Lappen abwischen.

3 Mit dem Pinsel dunkelgrüne Blumenstiele und Blätter aufmalen, eine hellgrüne Wiese auftupfen. Die Farbe gut trocknen lassen.

4 Einen Streifen aus der Zeitung herausschneiden, ca. 6 x 21 cm, und ziehharmonikaartig falten, sodass drei Lagen entstehen. Schmetterlingsvorlage übertragen und ausschneiden. Die Schmetterlinge am Körper aufeinander kleben, die Flügel auseinander knicken und die Schmetterlinge aufkleben.

DU BRAUCHST:
- 2 Keilrahmen, 20 x 20 cm oder stabile Pappe
- Alte Tageszeitungen

HILFSMITTEL:
- Schere
- Bleistift

- Acrylfarbe in Hellgrün, Dunkelgrün und verschiedene Farben
- Haarpinsel
- Große und kleine Gabel
- Feuchter Lappen
- Pappteller
- Bastelkleber

GUTE-LAUNE-ANHÄNGER

Aus Schrumpffolie entstehen super tolle Anhänger. Diese könnt ihr euch an die Schultasche, ans Etui oder an euren Schlüssel hängen und schon habt ihr immer gute Laune.

SO WIRD'S GEMACHT:

1 Schrumpffolie mit der angerauten Seite nach oben auf die Vorlage legen und die Konturen mit dem schwarzen Lackstift nachzeichnen. Lichtpunkt mit Weiß aufmalen.

2 Gelbe Acrylfarbe mit dem Schwamm auf das komplette Gesicht auftupfen, dabei darf ruhig über die Linie gestempelt werden. Gut trocknen lassen.

3 Das Gesicht an der Außenkontur ausschneiden. Mit dem Locher oder mit der Lochzange oben einen Kreis ausstanzen.

SCHRUMPFEN

Das Gesicht mit der bemalten Seite nach oben auf Backpapier legen. Bei 120 °C, 2–3 Minuten erhitzen (unter Aufsicht!). Zuerst verbiegt sich die Schrumpffolie und wird dann aber wieder gerade – dann ist sie fertig geschrumpft. Eventuell noch im heißen Zustand glatt pressen (z. B. mit einer Schale).

DU BRAUCHST:

- Schrumpffolie transparent, mattiert, 20 x 30 cm
- Anhänger nach Wahl

HILFSMITTEL:

- Schere
- Lackstift in Weiß, Pink, Schwarz
- Acrylfarbe in Gelb
- Naturschwamm oder Haushalts-schwamm
- Backpapier
- Locher oder Lochzange
- Backofen

Vorlagen 5, Seite 91

SONNENFÄNGER

Aus alten CD-Rohlingen lassen sich diese Sonnenfänger ganz einfach anfertigen und wenn die Sonne darauf scheint, funkeln sie wunderschön.

SO WIRD'S GEMACHT:

1 Den CD-Rohling mit den Lackstiften oder Permanent Markern mit Farben und Mustern bemalen, wie es euch gefällt. Es können Streifen oder Strahlen, Kreise oder Ringe, Herzen oder Blumen oder andere Motive aufgezeichnet werden.

2 Beim Malen bitte darauf achten, dass die Farbe nicht mit den Fingern verwischt wird. Danach die Farben gut trocknen lassen.

3 Den Perlonfaden durch das Loch der CD fädeln und die Enden miteinander verknoten. Wenn ihr Lust habt, könnt ihr verschiedene Sonnenfänger anfertigen und diese in euer Fenster hängen.

DU BRAUCHST:
- Alte CD-Rohlinge
- Perlonfaden

HILFSMITTEL:
- Schere
- Lackstift oder Permanent Marker in verschiedenen Farben

TULPENBILD

Aus Eierkartons entstehen diese bunten Tulpen. Aus mehreren Tulpen könnt ihr ein tolles Bild für euer Zimmer gestalten.

SO WIRD'S GEMACHT:

1 Aus der Eierpalette neun Mulden mit dem Cutter (Erwachsener) oder mit der Schere herausschneiden. Die Spitzen rund schneiden.

2 Die so entstandenen Tulpenköpfe von innen und außen mit Bastelfarbe bepinseln und trocknen lassen.

3 Die stabile Pappe mit Blau bemalen, nach dem Trocknen den Rand mit dem Finger bunt bestempeln.

4 Biegeplüsch, ca. 15 cm, in der Mitte knicken, eine Schlaufe drehen und beide Enden gerade biegen. Die Schlaufe zu einem Blatt formen.

5 Tulpenköpfe und Stiele auf der Pappe festkleben. In das Tulpeninnere Knöpfe und Holzperlen einkleben. Den Klebstoff gut trocknen lassen.

6 Etwas Satinband zum Aufhängen anbringen und eine gebundene Schleife ergänzen.

DU BRAUCHST:
- Eierpalette
- Stabile Pappe, z.B. aus einem Karton, ca. 35 x 33 cm
- Biegeplüsch in Grüntönen
- Satinband in Hellgrün, 1,5 cm breit
- Knöpfe und Holzperlen nach euren Wünschen

HILFSMITTEL:
- Schere oder Cuttermesser
- Bastelfarbe in Gelb, Pink, Hellgrün, Hellblau
- Pinsel
- Bastelkleber

HERBSTBILDER

In euren Lieblingsfarben könnt ihr diese bunten Herbstbilder gestalten. Wer möchte, kann sogar eine ganze Bildergalerie anfertigen.

SO WIRD'S GEMACHT:

1 Den Arbeitsplatz mit alten Zeitungen abdecken und die benötigten Materialien bereit legen. Einen Bogen vom Tonkarton senkrecht legen.

2 Den Tonkarton waagerecht mit breiten Streifen in verschiedenen Grün- und Gelbtönen, oder in euren Lieblingsfarben, mit der Wasserfarbe bemalen, bis der komplette Tonkartonbogen verziert ist. Danach noch einen zweiten Bogen vom Tonkarton mit den gleichen Farben gestalten, die Breite der Streifen und Reihenfolge der Farbe darf hier ruhig variieren. Die Farbe gut trocknen lassen.

3 Aus den Vorlagen drei Blätter auswählen, auf einen gestalteten Tonkarton auflegen, mit Bleistift übertragen und ausschneiden.

DU BRAUCHST:
• 3 Bögen Tonkarton in Weiß, DIN A4

HILFSMITTEL:
• Schere
• Bleistift
• Wasserfarben oder Bastelfarben
• Breiter Pinsel
• Wasserbehälter
• Alte Zeitungen
• Bastelkleber

Vorlagen 6, Seite 92

4 Die Blätter auf dem zweiten Tonkartonbogen nach Wunsch anordnen und festkleben. An allen Seiten vom Papierrand einen schmalen welligen Streifen abschneiden. Den fertigen Tonkarton auf den weißen Tonkarton kleben.

Eine Video-Anleitung hierzu findet ihr unter: **www.youtube.com** auf dem Kanal: **BastelnMitAndrea**

BAUMBILD

Die Herbstblätter leuchten ja schon in vielen schönen Farben, aber dieses Baumbild macht den Herbst noch viel bunter.

SO WIRD'S GEMACHT:

1 Eine bunte Baumfläche und eine Wiese mit den Korken auf die Malerpappe stempeln und die Farbe gut trocknen lassen. Dabei verschiedene Korken verwenden oder den Korken vor dem Farbwechsel reinigen.

2 Mit dem kleinen Seitenschneider Aststücke zurecht knipsen und mit Alleskleber an der Malerpappe ankleben. Den Klebstoff gut trocknen lassen.

3 Die verschiedenen Knöpfe so anordnen wie es euch am besten gefällt und ankleben.

4 Das Juteband zum Aufhängen an der Rückseite ankleben und den Klebstoff gut trocknen lassen.

DU BRAUCHST:

- Malerpappe oder Keilrahmen, 20 x 20 cm
- Verschiedene Knöpfe nach Wunsch
- Juteband

HILFSMITTEL:

- Acrylfarbe in Rosa, Flieder, Orange, Rot, Hellgrün, Hellblau
- Korken
- Kleiner Seitenschneider
- Alleskleber

1

2

3

NATURMATERIAL

Sammeln und basteln

Die Natur bietet viele Materialien, die ihr zum Basteln verwenden könnt. Blätter, Äste, Kastanien und Eicheln, Steine, Muscheln, Sand, Holz, Zapfen, Blüten und noch vieles mehr. Egal zu welcher Jahreszeit, achtet bei eurem nächsten Spaziergang einmal ganz bewusst darauf. Ihr werdet staunen, was es alles zu entdecken gibt.

SAMMELN

- Achtet darauf, dass ihr die Naturmaterialien vom Boden aufsammelt, bitte keine Zweige von den Ästen und Bäumen abreißen, um diese nicht zu verletzen.

- Zum Sammeln und Aufbewahren eignen sich am besten Stoff- oder Papiertaschen oder Kartons. In Plastiktüten oder geschlossenen Dosen faulen und schimmeln die meist noch feuchten Materialien leicht und ihr könnt sie zum Basteln nicht mehr verwenden.

- Säubert eure gesammelten Naturmaterialien und breitet diese dann auf Zeitungspapier aus, am besten in einem Karton. Die Teile dürfen nicht übereinander liegen, da sie sonst anfangen zu schimmeln. Trocknet das Material nicht auf der Heizung, denn sonst wird es schnell spröde.

PRESSEN

- Zum Presse legt ihr eure Blätter und Blüten einzeln zwischen Zeitungspapier- oder Buchseiten und beschwert diese mit Büchern oder Katalogen. Nach einigen Tagen könnt ihr die gepressten und getrockneten Blätter zum Basteln verwenden. Trocknet auch ruhig einige Blätter ungepresst, diese wölben sich, sehen dadurch interessant aus und lassen sich ebenfalls prima zum Basteln verwenden.

KLEBEN

- Zum Kleben von Naturmaterialien könnt ihr Bastelkleber, Kraftkleber (ohne Lösungsmittel) oder Heißkleber verwenden. Bitte seid beim Heißkleber vorsichtig, damit ihr euch nicht die Finger verbrennt. Im Handel gibt es auch Niedrigtemperatur-Heißklebepistolen, sie werden nicht ganz so heiß und sind für Kinder besser geeignet.

- Sperrige und schwere Teile könnt ihr am besten mit dem Heißkleber fixieren. Das Arbeiten mit der Heißklebepistole erspart das Warten, bis der Klebstoff getrocknet ist, denn die verklebten Teile halten schnell zusammen. Daher müssen die Teile schnell zusammengefügt werden, sonst ist der Klebstoff hart. Vielleicht lasst ihr euch hier von einem Erwachsenen helfen.

- Ordnet vor dem Kleben die Teile erst einmal richtig an und klebt sie dann zusammen, damit hinterher auch alles richtig passt.

Pädagogische Hinweise für Eltern

Naturbegegnungen fördern die gesunde Entwicklung von Kindern. In der Natur gibt es viele wertvolle Entdeckungs- und Erfahrungsräume, die die Sinne, die Körperwahrnehmung und den Verstand anregen. Wichtig hierbei ist es, den Kindern die Möglichkeit zu geben, spielerisch mit der Natur in Kontakt zu treten, z. B. bei einem gemeinsamen Herbstspaziergang, bei Laubspielen oder auch auf Erkundungstouren, auf denen Naturmaterial gesammelt und benannt wird, welches später zum Basteln verwendet werden kann. Kinder lernen durch Nachahmung, daher ist es wichtig, dass wir Erwachsenen uns der Natur gegenüber verantwortungsbewusst und respektvoll verhalten.

EULENGALERIE

Wir lieben Eulen und ganz besonders dann, wenn sie so leuchtend bunt sind. Mit dem Naturmaterial präsentiert sich jede in einem anderen Kleid.

SO WIRD'S GEMACHT:

1 Die Bierdeckel mit den Neonfarben bemalen. Mit den Aststücken die Ränder der Keilrahmen bestempeln. Die Farbe gut trocknen lassen.

2 Die Tonkartonkreise für die Augen mithilfe des Zirkels, ca. Ø 1,8 cm, anfertigen.

3 Die Blätter als Flügel seitlich an die Bierdeckel kleben. Danach Augen, Schnäbel, Ohren, Nasen und Füße mit Materialien nach Wunsch ankleben.

4 Die Bauchflächen mit getrockneten Linsen, Erbsen usw. bekleben.

5 Die fertigen Eulen auf die vorbereiteten Keilrahmen kleben.

TIPP:
Damit das Naturmaterial länger hält, könnt ihr die Bilder mit transparentfarbenem Sprühlack versiegeln.

DU BRAUCHST:

- Keilrahmen, 20 x 20 cm
- Runde Bierdeckel
- Tonkartonrest in Weiß
- Getrocknete Blätter, Blüten, Eichelhüte, kleine Zapfen usw.
- Getrocknete Linsen, Bohnen, Erbsen usw.
- Aststücke, ca. 0,5–1 cm Ø

HILFSMITTEL:

- Schere
- Neon-Acrylfarbe in Pink, Lila, Grün
- Pinsel
- Zirkel
- Alleskleber , evtl. Heißkleber

BLÄTTERTIERE

Die lustigen Blättertiere lassen sich den Herbstwind um die Nase wehen und beobachten neugierig die Neuankömmlinge im Wald.

SO WIRD'S GEMACHT:

1 Zur Stabilisierung die Blätter von beiden Seiten mit der transparenten Acrylfarbe bepinseln oder mit dem Sprühlack versiegeln und trocknen lassen.

2 Die Motivteile nach der Vorlage aus Tonkarton zuschneiden. Die Einzelteile nach der Abbildung zusammenkleben und die Zeichnungen gestalten.

3 Die Tonkartonteile an die Laubblätter kleben und mit Papierblüten verzieren.

4 Den Perlonfaden zum Aufhängen mit der Nadel anbringen.

DU BRAUCHST:
- Verschiedene gepresste Laubblätter
- Tonkarton-Block
- Papierblumen-Mix
- Perlonfaden

HILFSMITTEL:
- Schere
- Bleistift
- Filzstift in Schwarz
- Buntstift in Weiß
- Acrylfarbe in Transparent oder Sprühlack
- Pinsel
- Stopfnadel
- Alleskleber

BILDERRAHMEN

Wenn die Taschen nach eurem Herbstspaziergang voll mit Naturmaterialien sind, dann könnt ihr diesen tollen Bilderrahmen ganz einfach basteln.

SO WIRD'S GEMACHT:

1 Die Stöcke mit der Gartenschere (hier sollte ein Erwachsener helfen!) ungefähr auf die gleiche Länge kürzen. Diese zu einem Rahmen zusammenlegen und evtl. mit Heißkleber an den Ecken miteinander verbinden.

2 Die Ecken mit dem Baumwollgarn, über Kreuz, kräftig umwickeln und verknoten. Alle vier Rahmenseiten mit Washi-Tape im Wechsel bekleben.

3 Die Naturmaterialien, die ihr verwenden wollt, an Baumwollgarn knoten. Ein Stück Baumrinde mit dem Lackstift beschriften und alle Teile am unteren Rahmen anbringen. Eventuell noch Zapfen am Rahmen ankleben.

4 Den Bilderrahmen mit passendem Korkpapier oder Tonkarton hinterkleben und das Foto ergänzen. An der Rückseite Baumwollgarn zum Aufhängen ankleben.

DU BRAUCHST:
- 4 möglichst gleichlange Stöcke
- Naturmaterialien, z.B. Baumrinde, Eicheln, Bucheckern, Zapfen, Federn, Zimtstangen...
- Baumwollgarn in Weiß
- Washi-Tape mit verschiedenem Muster in Rot
- Korkpapier oder Tonkarton in Hellbraun
- Foto

HILFSMITTEL:
- Schere
- Gartenschere
- Lackstift in Weiß
- Alleskleber, evtl. Heißkleber

KASTANIENVÖGEL

Die drei Freundinnen wählen zum Herbst-
anfang immer eine ausgefallene Garderobe
aus. In diesem Jahr sehen sie mal wieder
ganz besonders entzückend aus.

SO WIRD'S GEMACHT:

1 Für die Verbindung von Kopf und Körper mit
dem Kastanienbohrer in beide Kastanien ein
Loch bohren, ein Stück von einem Zahnstocher
hineinstecken und mit Klebstoff fixieren.

2 Die Holzspulen oder Korken als Fuß unter den
Körper kleben und mit dem schwarzen Filzstift
eine senkrechte Linie aufzeichnen.

3 Ein Stück dunkelbraunen Tonkarton in der Mitte
falten und an der Faltlinie ein kleines Dreieck
ausschneiden. Wieder aufklappen und als Schnabel
an den Kopf kleben. Über dem Schnabel die Augen
aufkleben.

4 Aus Filz zwei tropfenförmige Flügel ausschneiden
und seitlich am Körper ankleben. Die bunten
Federn als Schwanz hinten am Körper anbringen und
die Vögel nach der Abbildung oder eigenen Ideen mit
Blüte, Schleife oder Eichelhut dekorieren.

DU BRAUCHST:

- Kastanien
- Holzspulen oder Korken
- Bastelfilz in Braun
- Tonkarton in Dunkelbraun
- Halbperlen in Schwarz oder Wackelaugen, 0,6 cm Ø
- Zahnstocher
- Eichelhut
- Deko-Blüte
- Etwas Schleifenband in Pink
- Federn

HILFSMITTEL:

- Schere
- Kastanienbohrer
- Filzstift in Schwarz
- Alleskleber

MAISKOLBEN-WALDTIERE

Fleißig sind die beiden Freunde dabei, Eicheln und Haselnüsse aufzusammeln. Das müssen wir mit einem Foto festhalten. „Bitte lächeln" – klick – und schon ist das Bild im Kasten.

SO WIRD'S GEMACHT:

1 Die Motivteile nach der Vorlage auf Fotokarton der jeweiligen Farbe übertragen und ausschneiden.

2 Die Einzelteile vom Kopf und vom Schwanz zusammenkleben. Die Hände an den Enden vom Biegeplüsch, ca. 17 cm, ankleben.

3 Buntstiftkrümel als Wangen aufreiben und die Zeichnungen aufmalen. Die Wackelaugen ankleben.

4 Den Kopf, den Schwanz und die Füße mit Heißkleber (Erwachsener) an den Maiskolben kleben. Eine Eichel, bzw. Haselnuss an den Händen ergänzen.

DU BRAUCHST:
- Getrocknete Maiskolben
- Fotokarton-Block
- Biegeplüsch in Natur, Grau
- Wackelaugen, oval, ca. 1 cm
- Eichel und Haselnuss

HILFSMITTEL:
- Schere
- Bleistift
- Buntstiftkrümel in Pink, Rot
- Fineliner in Schwarz
- Lackstift in Weiß
- Alleskleber, Heißkleber

Vorlagen 7, Seite 93

Eine Video-Anleitung hierzu findet ihr unter: www.youtube.com auf dem Kanal: BastelnMitAndrea

BILDERKETTEN

Nüsse dürfen zur Weihnachtszeit auf keinem Tisch fehlen. Aber wusstet ihr schon, dass man daraus auch ganz tolle Weihnachtsdekorationen basteln kann?

SO WIRD'S GEMACHT:

1 Nach der Vorlage die Rentiere und die Bäume auf Fotokarton übertragen.

2 Bei den Rentieren Buntstiftkrümel als Wangen aufreiben und die Zeichnungen mit den Filzstiften aufmalen. Danach alle Motivteile ausschneiden.

3 Die Walnüsse mit dem Nussknacker halbieren und aushöhlen. Walnusshälften von beiden Seiten auf gleicher Höhe an den Rentieren und an den Bäumen ankleben und den Klebstoff gut durchtrocknen lassen.

4 Mithilfe von Nadel und Garn die Einzelteile zu Bilderketten untereinander hängen, dabei die Fotokartonteile zwischen Daumen und Zeigefinger auspendeln. Zum Schluss etwas Garn zum Aufgängen der Bilderketten anknoten.

WEIHNACHTEN

Dekorieren und schenken

Gerade in der Weihnachtszeit macht das Basteln ganz besonders viel Spaß! Ob Fensterbilder, Baumanhänger, Tischdekorationen, Grußkarten, Kerzenhalter oder auch Geschenke für eure Freunde oder für die Familie. Jetzt könnt ihr basteln, so viel ihr wollt und das ganze Haus wunderschön weihnachtlich dekorieren.

BEVOR ES LOS GEHT

· Überlegt euch zuerst einmal, was ihr gerne basteln wollt. Soll es eine schöne Dekoration für euer Zimmer oder für die Wohnung, ein Licht für eine kuschelige Stimmung oder ein Geschenk für die Liebsten werden?

· Sucht euch alle benötigten Materialien und Werkzeuge zusammen, dabei kann euch eure Bastelkiste mit den kostenlosen Materialien oder mit den gesammelten Naturmaterialien sicherlich einiges bieten.

· Wenn ihr mit Farbe arbeiten wollt, denkt daran einen Malkittel anzuziehen, den Arbeitsplatz mit alten Zeitungen auszulegen und einen Wasserbehälter und Pinsel bereit zu stellen.

· Vielleicht habt ihr ja Lust, mit Freunden oder mit der Familie zu Basteln. Gemeinsam macht so ein Bastelnachmittag noch mehr Spaß.

· Lest euch die Arbeitsschritte zu den einzelnen Bastelmodellen genau durch und arbeitet in der angegebenen Reihenfolge. Natürlich könnt ihr auch Materialien nach euren Wünschen aus- tauschen und eure eigenen Gestaltungsideen mit einbringen.

NACH DEM BASTELN

• Räumt euren Arbeitsplatz wieder auf und legt alle Materialien, die ihr weiter verwenden könnt, an ihren Platz, so findet ihr beim nächsten Mal alles schnell wieder. Alles, was ihr nicht mehr benötigt, könnt ihr wegwerfen.

• Wenn ihr mit Farbe gearbeitet habt und doch etwas auf dem Tisch gelandet ist, wischt ihr den noch mit einem feuchten Tuch ab. Vergesst auch nicht, eure Hände gründlich zu waschen, denn oft sind dort Farb- oder Kleberreste zu finden.

• Wenn eure fertigen Werke noch trocknen müssen, stellt sie an einen sicheren Platz, wo sie nicht aus Versehen herunterfallen können.

GESCHENKE EINPACKEN

• Eurer fertiges Modell könnt ihr ganz einfach in Zeitungspapier oder alten Buchseiten einpacken, mit einer bunten Schleife sieht das ganz toll aus.

• Wer Lust hat, kann auch Schreibpapier bunt bemalen oder Packpapier bestempeln und als Geschenkpapier verwenden.

• Cellophanbeutel oder Butterbrottüten eignen sich gut als Geschenkverpackung, besonders für kleinere Modelle.

• Vielleicht bastelt ihr noch einen kleinen Geschenkanhänger dazu, den ihr mit ein paar lieben Zeilen versehen könnt.

Pädagogische Hinweise für Eltern

Geschenke basteln macht Kindern sehr viel Spaß. Ein angenehmer Nebeneffekt: Es fördert wie bei allen Mal- und Bastelarbeiten die Konzentration, regt die Fantasie an und schult die Feinmotorik.

Stolz überreicht das Kind sein selbstgebasteltes Werk dem Beschenkten, der sich darüber freut. So wird das Selbstbewusstsein des Kindes gestärkt. Wichtig ist, dass das Kind am Ende ein Erfolgserlebnis hat, daher sollte die Bastelarbeit unbedingt auf das Alter abgestimmt sein. Kinder haben viele eigne Ideen und sehr viel Fantasie, deshalb beziehen Sie das Kind immer in die Vorüberlegungen mit ein: Welches Material soll verwendet werden? Was möchte das Kind gerne basteln?

BAUMANHÄNGER

Diese niedlichen Wichtel und die Weihnachts-
bäume lassen sich ruck - zuck aus Aststücken
basteln und sind eine superschöne Deko für
euren Weihnachtsbaum.

SO WIRD'S GEMACHT:

1 Den Zirkel auf 7 cm Breite einstellen und
einen Kreis auf den Tonkartonrest zeichnen. Beim Kreis, mithilfe des Lineals, zuerst
waagerecht und dann senkrecht je die Hälfte
markieren und einen Viertelkreis als Schablone
zuschneiden.

2 Die Schablone mit Kugelschreiber auf
Bastelfilz übertragen und ausschneiden.
Den Filz oben am Aststück anlegen und auf
die passende Größe zu einem „Spitzhut"
zusammenschieben. Mit Klebstoff zusammenkleben und zum Trocknen mit den Klammern
fixieren.

3 Vierzehn Wollfäden, ca. 14 cm lang,
zuschneiden und an einem Ende zusam-
menknoten. Oben an der geraden Fläche vom
Aststück reichlich Klebstoff auftragen und den
Wollknoten andrücken. Den darunter liegenden
Rand vom Aststück ebenfalls mit etwas Klebstoff bestreichen und die Wollfäden nach
unten legen. Fäden nach Wunsch kürzen.

DU BRAUCHST:
- Aststücke, ca. 1,5 cm Ø x 3–7 cm
- Zapfen, ca. 3–4 cm
- Pompons in verschiedenen Farben,
  1 cm Ø
- Bastelfilz in Rosa, Rot, Grau
- Wolle in Weiß
- Tonkartonrest

HILFSMITTEL:
- Schere
- Kugelschreiber
- Dicke Nähnadel
- 2 Wäscheklammern
- Lineal
- Zirkel
- Bastelkleber

4 Den „Spitzhut" festkleben und einen
Pompon als Nase ergänzen. Einen Wollfaden zum Aufhängen an der Mütze anknoten.

5 Für den Baum verschiedenfarbige
Pompons zwischen die Schuppen vom
Zapfen kleben. Den Zapfen auf ein Aststück
kleben. Zum Aufhängen ein Wollstück zusam-
menknoten und den Knoten oben in den
Zapfen kleben.

Eine Video-Anleitung hierzu findet ihr
unter: www.youtube.com auf dem Kanal:
BastelnMitAndrea

RÄUCHERMÄNNCHEN

Diese Räuchermännchen könnt ihr ganz einfach selber machen. Der Duft des Räucherkegels zieht durchs ganze Haus und es riecht weihnachtlich!

SO WIRD'S GEMACHT:

ELCH

1 Die Wackelaugen und den Pompon als Nase an den Terracottatopf kleben. Die Zeichnungen ergänzen. Mit dem Finger rote Bastelfarbe als Wangen auftupfen und trocknen lassen.

2 Nach der Vorlage die Motivteile aus Tonkarton zuschneiden. Die Ohren etwas knicken und alle Teile am Terracottatopf ankleben. Eine Karoschleife am Kopf ergänzen.

ELCHGEWEIH

SCHNEEMANN

1 Den Terrakottatopf weiß anmalen. Nach dem Trocknen das Gesicht aufmalen. Die Ohrschützer anbringen und Deko-Tape fixieren.

2 Räucherkegel in die Aluschalen stellen und die Räuchermännchen darüber platzieren.

OHREN

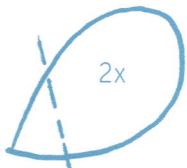

2x

DU BRAUCHST:

- Terracottatopf, 6 cm hoch
- Tonkarton in Apricot, Braun
- Pompons in Rot, Blau, 2,5 cm Ø
- Wackelaugen, oval, 1,5 cm
- Karoband in Rot, 0,3 cm breit
- Chenilledraht in Blau, 7 cm
- Deko-Tape in Blau mit Pünktchen, 1 cm breit
- Leere Aluschale vom Teelicht
- Räucherkegel

HILFSMITTEL:

- Schere
- Bleistift
- Bastelfarbe in Weiß, Rot
- Lackstift in Weiß, Orange, Schwarz
- Pinsel
- Alleskleber

LEUCHTENDE PILZE

Immer nur im Wald zu spielen, finden die kleinen Pilze ganz schön langweilig. Heute wollen sie dich einmal besuchen kommen.

SO WIRD'S GEMACHT:

1 Die Papprollen mit weißer Bastelfarbe bemalen und gut trocknen lassen.

2 Zwei Papprollen zu einer großen Rolle ineinander schieben und festkleben.

3 Die Gesichter mit den Filzstiften aufmalen und mit dem Buntstift weiße Lichtreflexe ergänzen. Buntstiftkrümel mit dem Finger als Wangen aufreiben.

4 Vom weißen Muffinförmchen den Boden herausschneiden und als Rock auf die große Papprolle schieben, mit Klebstoff fixieren.

5 Die anderen Muffinförmchen als Hut ankleben. Die LED-Teelichter darauf stellen, evtl. mit Klebefilmröllchen fixieren.

DU BRAUCHST:
- 3 Papprollen, ca. 9,5 cm
- Papier-Muffinförmchen „Punkte" in Rot-Weiß, Weiß
- LED-Teelichter

HILFSMITTEL:
- Schere
- Buntstiftkrümel in Pink
- Buntstift in Weiß
- Bastelfarbe in Weiß
- Filzstift in Rot, Schwarz
- Pinsel
- Klebefilm
- Bastelkleber

WEIHNACHTSMANN

Basteln gehört zur Weihnachtszeit einfach dazu. Dieser Weihnachtsmann ist schnell gemacht und man kann sogar etwas in seinem Bauch verstecken.

SO WIRD'S GEMACHT:

1 Den Pappbecher mit roter Bastelfarbe bemalen. Nach dem Trocknen mit dem schwarzen Filzstift einen Gürtel aufzeichnen.

2 Nach der Vorlage die Motivteile aus Tonkarton der jeweiligen Farbe zuschneiden.

3 Buntstiftkrümel mit dem Finger als Wangen aufreiben. Die Einzelteile der Abbildung entsprechend zusammenkleben. Mit dem Filzstift die Augen ergänzen.

4 Den Kopf an der geschlossenen Seite vom Pappbecher ankleben.

DU BRAUCHST:
- Malerpappe ocer Keilrahmen, 20 x 20 cm
- Verschiedene Knöpfe nach Wunsch
- Juteband

HILFSMITTEL:
- Schere
- Bleistift
- Buntstiftkrümel in Rot
- Bastelfarbe in Rot
- Filzstift in Schwarz
- Bastelkleber

TIPP:
Daraus lässt sich auch ganz einfach ein Geschenkanhänger basteln. Einfach den Kopf anfertigen und mit der Nadel einen Faden zum Aufhängen anbringen.

FALTSTERNE

Ihr benötigt nur Motiv-Papier und Pompons und schon könnt ihr diese tollen Sterne für euer Fenster falten. Wenn ihr wollt könnt ihr auch einfach weißes Tonpapier bunt bemalen oder einfarbiges Tonpapier verwenden.

DU BRAUCHST:
- Motivpapier in verschiedenen Farben oder einfarbiges Tonpapier
- Pompons in Weiß, 2 cm Ø

HILFSMITTEL:
- Schere
- Bleistift
- Lineal
- Bastelkleber

SO WIRD'S GEMACHT:

1 Pro Stern das Motivpapier acht Mal in der Größe von 10 x 8 cm zuschneiden, zuvor eventuell eine Schablone erstellen. Das Papier mit dem Motiv nach unten auf den Tisch legen, in der Mitte falten und die Faltung wieder öffnen.

2 Die oberen Ecken an der Mittelfaltung nach unten falten und mit dem Finger nach streichen.

3 Genauso die unteren Ecken an der Mittelfaltung nach oben falten und nach streichen.

4 Noch einmal die unteren Ecken an der Mittelfaltung nach oben falten und gut mit dem Finger nach streichen.

5 Das Papier so drehen, dass die Spitze nach oben zeigt Alle acht Sternspitzen so falten.

6 Die einzelnen Sternspitzen nach der Abbildung zusammenkleben. Den Stern umdrehen und in der Mitte den Pompon ankleben.

1
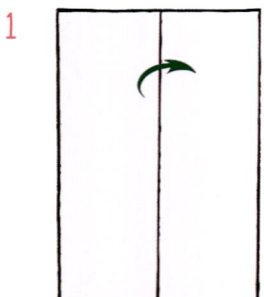

2

Eine Video-Anleitung hierzu findet ihr unter: www.youtube.com auf dem Kanal: BastelnMitAndrea

3   4   5   6

WEIHNACHTSKARTEN

Wie wäre es in diesem Jahr mit selbstgebastelten Weihnachtskarten und ein paar lieben Zeilen? Diese Weihnachtsgrüße kommen garantiert gut an.

SO WIRD'S GEMACHT:

WEIHNACHTSBAUM

1 Aus dem Motivpapier drei unterschiedlich große Dreiecke schneiden, die gut auf die Karte passen.

2 Mit der geraden Schere einen Baumstamm zuschneiden. Den Baumstamm und die Dreiecke auf der Karte anordnen und aufkleben.

3 Die Knöpfe auf dem Tannenbaum verteilen und festkleben.

4 Um den Weihnachtsbaum herum kleine Sterne aufmalen.

DU BRAUCHST:
- Verschiedene Motivkartonreste
- Tonkartonreste
- Klappkarten in Weiß, DIN A6
- Verschiedene Knöpfe

HILFSMITTEL:
- Schere
- Zackenschere
- Filzstifte
- Bastelkleber

KERZEN

1 Mit der Zacken- und Bastelschere unterschiedlich lange und breite Streifen zuschneiden, die gut auf die Karte passen und diese aufkleben.

2 Aus Tonkarton frei Hand bunte Flammen zuschneiden, aufkleben und einen Docht aufmalen.

3 Die Knöpfe in die Flammen kleben.

4 Den Rand der Karte mit bunten Filzstiftpunkten verzieren.

TIPP:
Wenn ihr die Teile etwas kleiner zuschneidet, könnt ihr daraus auch tolle Geschenkanhänger basteln.

STEMPELKARTE

Auf die Plätze, fertig, los! Hier braucht ihr wirklich nicht viel Material, denn das Wichtigste sind eure Hände und die habt ihr ja immer dabei.

SO WIRD'S GEMACHT:

1 Die Innenseite einer Hand mithilfe des Pinsels mit reichlich weißer Bastelfarbe bepinseln. Die Hand auf roten Tonkarton auflegen und mit den Fingern der anderen Hand die einzelnen Finger, sowie die Handfläche etwas herunterdrücken. Die Hand gründlich waschen.

2 Nach dem Trocknen mit den Filzstiften lustige Schneemänner auf die einzelnen Fingerabdrücke malen.

3 Den roten Tonkarton so zuschneiden, dass die komplette Hand auf dem Tonkarton zu sehen ist. Diesen auf weißen Tonkarton kleben, an den Seiten je 1,5 cm dazugeben und eine Klappkarte zuschneiden.

4 Den weißen Tonkartonrand mithilfe des Zeigefingers bunt bestempeln und die Farbe gut trocknen lassen.

DU BRAUCHST:
• Tonkarton in Weiß, Rot

HILFSMITTEL:
• Schere
• Bleistift
• Bastelfarbe in Weiß, Gelb, Orange, Rot, Pink, Grün, Hellblau
• Filzstift in Orange, Schwarz
• Lineal
• Pinsel
• Bastelkleber

SCHNEEMANN-LICHTER

Kuschelig warm haben es diese niedlichen Schneemänner in deiner Stube, während Draußen die Schneeflocken vom Himmel fallen. Holt euch doch auch etwas Winterstimmung ins Haus!

SO WIRD'S GEMACHT:

1 Oben an der Papiertüte mit Lineal und Bleistift einen Abstand von 7 cm markieren, eine waagerechte Linie ziehen und den oberen Teil abschneiden.

2 Ein Muffinförmchen etwas glatt streichen und zur Hälfte knicken. Eine Hälfte an der Knicklinie entlang abschneiden. Die Seiten leicht schräg nach unten falten, sodass daraus eine Schneemannmütze entsteht und festkleben. Die Mütze oben an der Tüte ankleben.

3 Mit dem schwarzen Filzstift ein Schneemanngesicht aufmalen und weiße Lichtpunkte mit dem Buntstift ergänzen. Buntstift- krümel als Wangen aufreiben. Orangefarbenen Pompon als Nase und weiße Pompons als Arme anbringen.

4 Schwarze Knöpfe am Bauch und den farbigen Knopf am Hut anbringen. Die Tüte auffalten und das Teelichtglas mit dem Teelicht hineinstellen.

TIPP:
Kerze bitte nur unter Aufsicht brennen lassen!

DU BRAUCHST:
- Papiertüte, ca. 21 x 10,5 cm
- Papier – Muffinförmchen „Karo" in Rot, Hellblau
- Pompon in Orange, 0,8 cm Ø
- Pomons in Weiß, 2 cm Ø
- Teelichtglas, ca. 7 x 7 cm Ø und Teelicht
- Knöpfe in Rosé, Hellblau, 2 cm Ø in Schwarz 0,8 cm Ø

HILFSMITTEL:
- Schere
- Bleistift
- Buntstiftkrümel in Rot
- Buntstift in Weiß
- Filzstift in Schwarz
- Lineal
- Bastelkleber

VORLAGEN

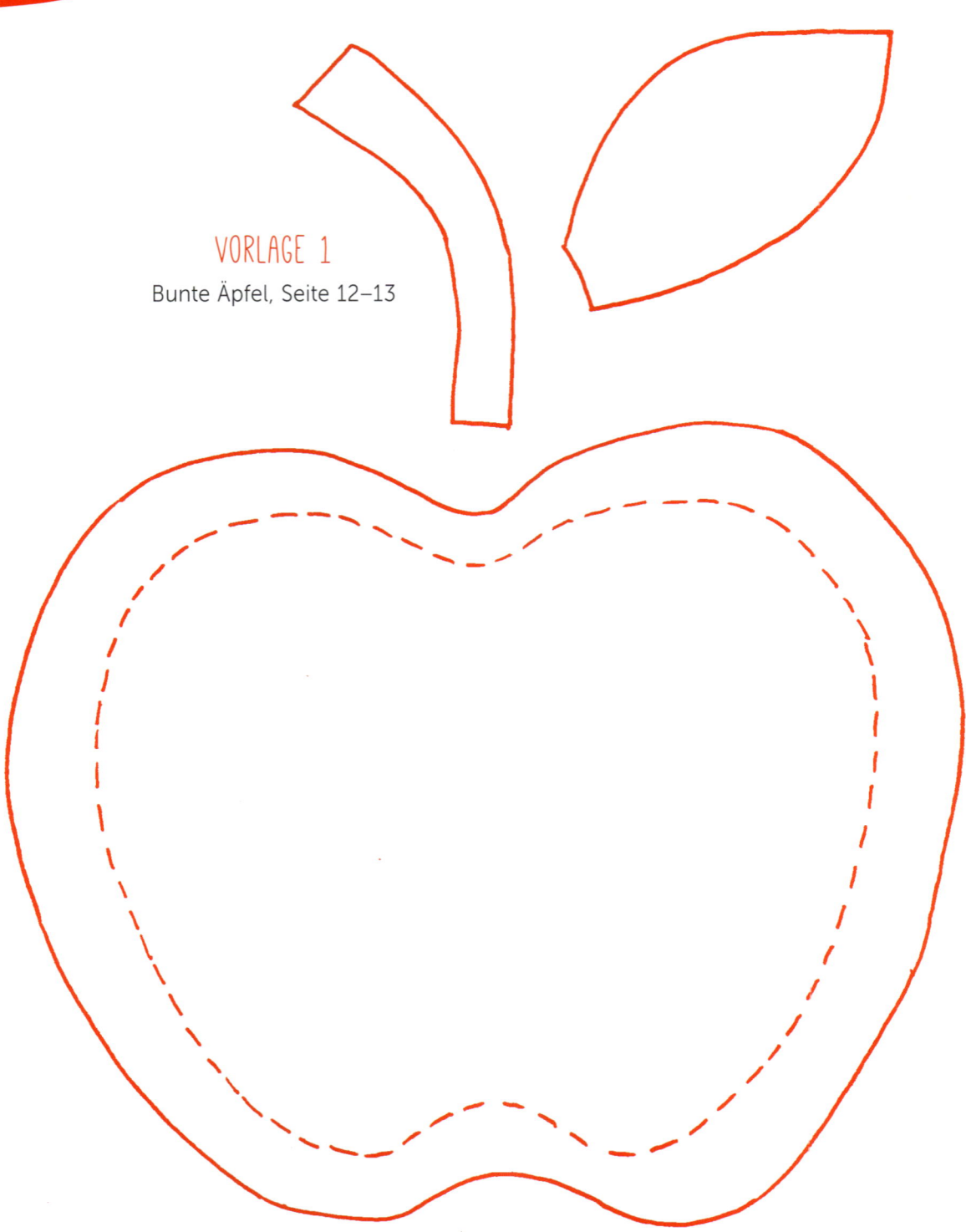

VORLAGE 1
Bunte Äpfel, Seite 12–13

VORLAGE 2

Knuddelschnecken,
Seite 14–15

VORLAGE 3

Origamipinguin,
Seite 18–19

VORLAGE 5
Gute-Laune-Anhänger,
Seite 46–47

VORLAGE 7

Maiskolben-Waldtiere,
Seite 66–67

2x

2x

2x

IMPRESSUM

Modelle: Andrea Küssner-Neubert: S. 8–16, 20–58,
62, 66–74, 78–86; Manuela Franke: S. 18, 76;
Valeska Wombacher: S. 60, 64
Fotos: Fotostudio 57, Hermann Mareth: S. 8–12, 18–22,
26, 30–32, 36–38, 42–50, 54, 58–66, 74–78, 82, 86;
madphotos, Markus Dietze: S. 28; Uli Glasemann: S. 16;
Uwe Bick: S. 14, 68, 80, 84; Wladislaw Hofmann: S. 34,
52, 72
Styling: Ulrike Harter: S. 8–12, 16–22, 26, 30–32, 36–38,
42–50, 54, 58–66, 74–78, 82–86; Sabine Schappacher: S. 28;
Karin Susanne Schlag: S. 14, 68, 80
Step-Fotos: Andrea Küssner-Neubert, S. 44, 46, 54
Youtube-Videos: Andrea Küssner-Neubert,
Kanal: BastelnMitAndrea
Lektorat: Andrea Küssner-Neubert
Gesamtgestaltung & Satz: GrafikwerkFreiburg
Reproduktionen: RTK & SRS mediagroup GmbH
Druck & Verarbeitung: Polygraf Print, Slowakei

ISBN 978-3-8388-3697-3
Art.-Nr. 3697

© 2018 Christophorus Verlag GmbH & Co. KG
Rheinfelden

Kreativ-Service

Sie haben Fragen zu den Büchern und Materialien? Frau Erika Noll ist für Sie da und berät Sie rund um alle Kreativthemen. Rufen Sie an! Wir interessieren uns auch für Ihre eigenen Ideen und Anregungen. Sie erreichen Frau Noll per E-Mail: **mail@kreativ-service.info** oder Tel.: **+49 (0) 5052 / 91 18 58**

Besuchen Sie uns im Internet: **www.christophorus-verlag.de**